Was ich dir wünsche – Sternstunden

Texte von Ellen Sonntag

GROH

„Weißt du, wie viel Sternlein stehen?"
Romantisch und gleichzeitig geheimnisvoll
wirken die funkelnden Sterne am Himmel.
Trotz ihrer Entfernung sind sie uns ganz nahe,
schenken uns Schutz und Geleit.

Wir wissen nicht genau,
wie viele Sterne allabendlich für uns leuchten –
aber es sind unzählig viele,
und genauso viele Sternstunden
wünsche ich dir für dein Leben!

Sternstunden sind Momente,
die wie kleine Diamanten am Nachthimmel funkeln.
Augenblicke, die ewig sind,
weil ihr Licht immer noch nachstrahlt –
selbst wenn der Moment längst vergangen ist.

Solche Sternstunden wünsche ich dir immer wieder.

Was wäre eine Sternstunde für dich?
Auf dem Siegertreppchen ganz oben stehen?
Richtig verliebt sein, mit Schmetterlingen im Bauch?
Den Koffer packen und in die Ferne starten?

Wirf einen Blick in den nächtlichen Himmel
und such ihn dir aus,
deinen persönlichen Glücksstern!
Behalt ihn fest im Auge und
schicke ihm deinen Wunsch!

Nicht nur die großen Momente im Leben
können zu Sternstunden werden.
Auch unter dem scheinbar farblosen Staub
des Alltags glitzern kleine Kostbarkeiten.
Manchmal muss man nur ein bisschen suchen.

Ich wünsche dir offene Augen,
um jeden Tag schöne Dinge zu entdecken.

Sammle stets ein wenig.
Einmal hast du viel.

aus China

Ein kleines Lächeln, ein unerwartetes Kompliment,
ein Dankeschön, das von Herzen kommt,
solche Sternsekunden wünsche
ich dir immer wieder.
Freu dich daran und
schenk sie weiter!

Ich wünsche dir offene Sinne für
die Geschenke der Natur:
Dass du von Vogelgezwitscher geweckt wirst
oder ein Sonnenstrahl dich kitzelt.
Dass du bei einem Abendspaziergang zur Ruhe
kommst und der endlose Sternenhimmel
in der Nacht für dich funkelt.

*Es gibt viele kostbare Dinge,
die nichts kosten.*

Ich wünsche dir Freunde,
die mit dir die Sternstunden des Lebens teilen
und die dir die Wolken zur Seite schieben,
damit du die Sonne sehen kannst.

Wenn der Himmel
einen Menschen liebt,
lässt er ihm einen Freund
begegnen.

aus China

Wenn wir verliebt sind,
schweben wir auf Wolke 7 und wollen alles tun,
um den anderen glücklich zu machen.
Dass du, auch wenn die Liebe nicht
mehr so lodernd brennt, deinem Partner gerne
hin und wieder einen Stern vom Himmel holst,
das wünsche ich dir.

Die Liebe lebt von liebenswürdigen Kleinigkeiten.

Theodor Fontane

Wer eine Sternschnuppe am Himmel sieht,
der hat gute Chancen,
dass ein Wunsch in Erfüllung geht, heißt es.

Dass dir das Glück immer nur in den Schoß fällt,
das wage ich dir nicht zu wünschen.
Aber dass du erkennst,
wann du deinem Glück auf die Sprünge helfen kannst,
das wünsche ich dir.

Doppelt lebt, wer auch Vergangenes genießt.

Martialis

„Schön war's!" –
dass du so schwärmen kannst,
das wünsche ich dir.
Erlaube deinen Gedanken ausgedehnte Streifzüge
und freue dich an den schönen Gefühlen,
die mit deinen Erinnerungen verbunden sind.
Und dann sorge dafür, dein Album
mit neuen Sternstunden zu füllen.

Nicht jeder Tag kann voller Sternstunden sein.
Auch Enttäuschungen gehören zum Leben.
Für die Nächte, in denen dein
Stern nicht so hell leuchtet,
wünsche ich dir ein Licht der Zuversicht
und viel Kraft, um bei Tagesanbruch
mit neuem Mut anzufangen.

Jeder Tag ist ein neuer Anfang.

„Das steht in den Sternen!",
sagen wir, wenn wir nicht weiter wissen.

Klarheit gewinnt man,
indem man die Dinge hin und wieder
von einer anderen Warte aus betrachtet.
Dass dir das gelingt,
und du dabei positiv überrascht wirst,
das wünsche ich dir!

Eine rettende Idee,
ein Ratschlag, der dir weiterhilft,
jemand, der genau weiß,
dass du ihn jetzt brauchst,
das möge dir der Himmel schicken.

Überall hat man
den Himmel über sich.

Francesco Petrarca

Bei manch einer Unterhaltung hat man
tatsächlich den Eindruck, als kämen Mann
und Frau von unterschiedlichen Sternen.
Dass ihr dennoch Verständnis aufbringt, die Ecken und
Kanten des anderen mit Humor nehmen könnt und
offen füreinander bleibt, das ist mein Wunsch für euch.

*Die großen Tugenden machen
einen Menschen bewundernswert,
die kleinen Fehler machen ihn liebenswert.*

Pearl S. Buck

Wer loslässt,
hat zwei Hände frei!

aus China

Ich wünsche dir, dass du erkennst,
wann es besser ist, loszulassen …

… und ich wünsche dir Halt,
dort wo du ihn brauchst.

Verrückt? Tollkühn? Verwegen?
Ich wünsche dir den Mut,
nach den Sternen zu greifen!
Denn wer den Mut zur Veränderung hat,
der hält den Schlüssel in der Hand,
sich seine Wünsche zu erfüllen.

Fang an. Dadurch allein
kann das Unmögliche möglich werden.

Thomas Carlyle

Wunderkerzen zünden wir meist nur
zu ganz besonderen Gelegenheiten an.
Und wenn die kleinen Sternenfunken
nach allen Seiten sprühen,
dann ist uns ganz festlich zumute.

Ich wünsche dir immer wieder
Anlässe zum Feiern: Momente, in denen du spürst,
wie wertvoll das Leben ist.

Congratulations

Wenn dir manchmal alles
ein bisschen zu viel wird und
du einfach nur weg willst,
dann wünsche ich dir Zeit zum Träumen
und einen Ort, wo du dich dem Himmel
ganz nahe fühlst.

*Wer Fantasie hat,
kann immer zu den Sternen reisen.*

Patrice Jeancourt

Bücher lesen, heißt wandern, gehen in ferne Welten,
aus den Stuben, über die Sterne.

Jean Paul

Mit einem Buch auf dem Sofa liegen,
bei einem Cappuccino im Straßencafé sitzen,
ein heißes Schaumbad nehmen,
frischen Apfelstrudel mit Vanilleeis essen ...
Ich wünsche dir jeden Tag ein bisschen Zeit für dich,
in der du dir etwas gönnst,
was deinem Tag Sternenglanz verleiht.

Stille Momente,
in denen du dich einfach treiben lassen kannst,
die wünsche ich dir immer wieder.

*Nur in einem ruhigen Teich
spiegelt sich das Licht der Sterne.*

aus China

Sternstunden sind es,
die unser Leben prägen und ihm Farbe geben.
Dass du herausfindest,
wie du deinem Leben jeden Tag
eine ganz eigene Form und Farbe geben kannst,
das wünsche ich dir.

Die Welt um uns ist so bunt und lebendig,
wie wir sie machen.

P. H. Stevens

Wenn du den Tag
mit einem Lächeln beginnst,
wenn du dich wie diese Blume
zuversichtlich der Sonne zuwendest,
dann wird alles, was du anpackst
unter einem guten Stern stehen.
Das wünsche ich dir!

Wenn du deinen ganz
persönlichen Stern gefunden hast,
dann bewahre ihn
wie einen kostbaren Schatz.
Möge er dir viel Glück bringen!

Was ich dir wünsche

Was ich dir wünsche – in dieser Reihe gibt es:
Von Heidi und Hannes Bräunlich:

Was ich dir wünsche
ISBN 978-3-89008-560-9

Von Ellen Sonntag:

Was ich dir wünsche zum Geburtstag
ISBN 978-3-89008-588-3

Was ich dir wünsche – einen Engel
ISBN 978-3-89008-874-7

Was ich euch wünsche für den Weg zu zweit
ISBN 978-3-89008-589-0

Was ich dir wünsche – gute Besserung
ISBN 978-3-89008-497-8

Was ich dir von Herzen wünsche
ISBN 978-3-86713-334-0

Was ich dir wünsche für die Zukunft
ISBN 978-3-89008-461-9

Was ich dir wünsche – Sternstunden
ISBN 978-3-89008-842-6

Ellen Sonntag, geb. 1963 in Berlin, ist Bibliothekarin mit Leib und Seele. Während ihres Erziehungsurlaubes entdeckte die dreifache Mutter ihre Freude am Schreiben. Neben ihrer Berufstätigkeit und ihrer ehrenamtlichen sozialen Tätigkeit schreibt Ellen Sonntag in ihrer Freizeit gerne Kurzgeschichten, meditative Texte und Gedichte.

Bildnachweis:
Titel, S. 2, 21, 47, Rückseite: Hans Groh
S. 5: iStockphoto/Chan Pak Kei
S. 6: Getty/Stone/Pete Turner
S. 9: iStockphoto/Evelin Elmest
S. 11: iStockphoto/Christian Misje
S. 12: iStockphoto/ooyoo
S. 15: iStockphoto /Michael Puerzer
S. 16: Getty/Stone/John Lund
S. 18: Getty/Stone/Frans Jansen
S. 22: Mauritius/Birgit Müller
S. 25: Getty/Photographer's Choice/Jean Louis Batt
S. 26: iStockphoto/Christine Balderas
S. 29: iStockphoto/Christina Rodriguez
S. 30: iStockphoto/Brandon Laufenberg
S. 33: photocase/Patrik Naumann
S. 35: iStockphoto/Marcus Clackson
S. 37: photocase/prokop
S. 38: Jupiterimages/foodpix/Kathryn Kleinman
S. 40: iStockphoto/Forest Woodward
S. 43: photocase/i make design
S. 44: iStockphoto/Frank van Haalen

Textnachweis:
Wir danken allen Autoren und deren Erben, die uns freundlicherweise die Erlaubnis zum Abdruck von Texten erteilt haben.

ISBN 978-3-89008-842-6

www.groh.de

087015-4155-03

Ein Lächeln schenken

Geschenke sollen ein Lächeln auf Gesichter zaubern und die Welt für einen Moment zum Stehen bringen. Für diesen Augenblick entwickeln wir mit viel Liebe immer neue GROH-Geschenke, die berühren.

In ihrer großen Themenvielfalt und der besonderen Verbindung von Sprache und Bild bewahren sie etwas sehr Persönliches.

Den Menschen Freude zu bereiten und ein Lächeln zu schenken, das ist unser Ziel seit 1928.

Ihr